# So geht's:

Das Beispiel zeigt, wie du mit miniLÜK spielst. Die Übung findest du auf Seite 2 und 3.
Öffne das miniLÜK®-Kontrollgerät und lege den durchsichtigen Boden des Kontrollgerätes auf die untere Übungsseite deines miniLÜK-Heftes.

Wo ist das gleiche Bild?
Nimm Plättchen 1. in die Hand und sieh dir Aufgabe 1. an.
Hier siehst du zwei Zitronenscheiben.
Lege Plättchen 1. mit der Ziffer nach oben auf das Bild mit den gleichen beiden Zitronenscheiben auf der unteren Seite.

So spielst du weiter, bis alle 12 Plättchen auf dem durchsichtigen Teil des Kontrollgerätes liegen und keine Bilder mehr zu sehen sind.
Dann schließt du das Kontrollgerät und drehst es um. Wenn du das bei der Übung abgebildete Muster siehst, hast du alles richtig gemacht.

Passen einige Plättchen nicht in das Muster, löst du diese Übungen noch einmal.

Stimmt es jetzt?
Dann nun viel Spaß!

AF648717

Wo ist das gleiche Bild?

1

2

3

4

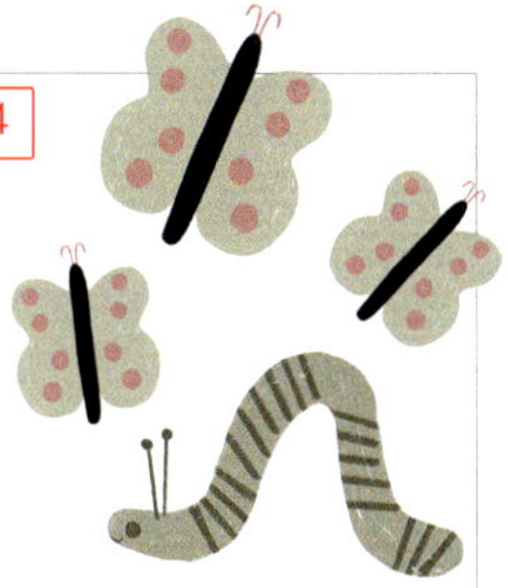

5

6

7

8

9

10

11

12

2 6 1
4 3 5

## Von 1 bis 6 – ordne richtig zu!

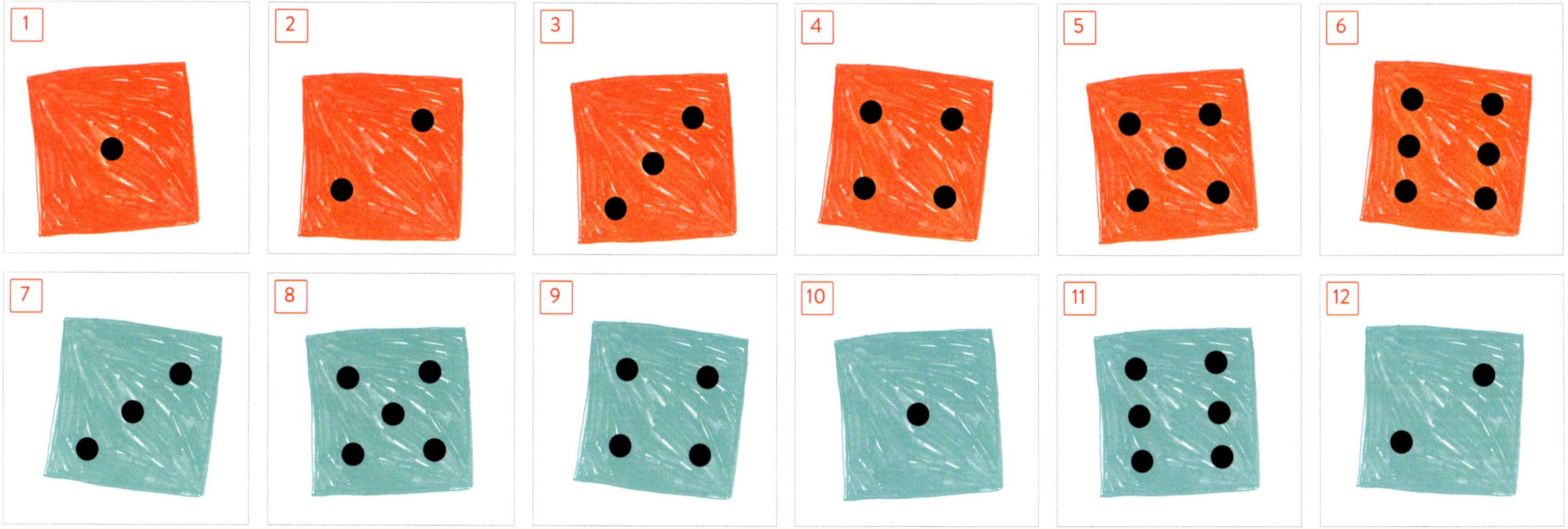

| | | | | | |
|---|---|---|---|---|---|
| 4 | 3 | 1 | 3 | 2 | 6 |
| 6 | 5 | 1 | 4 | 5 | 2 |

Wie viele Tiere sind das?

5 3 3 6 5 1
1 2 2 4 6 4

Zählst du 6 Punkte, ja oder nein ?

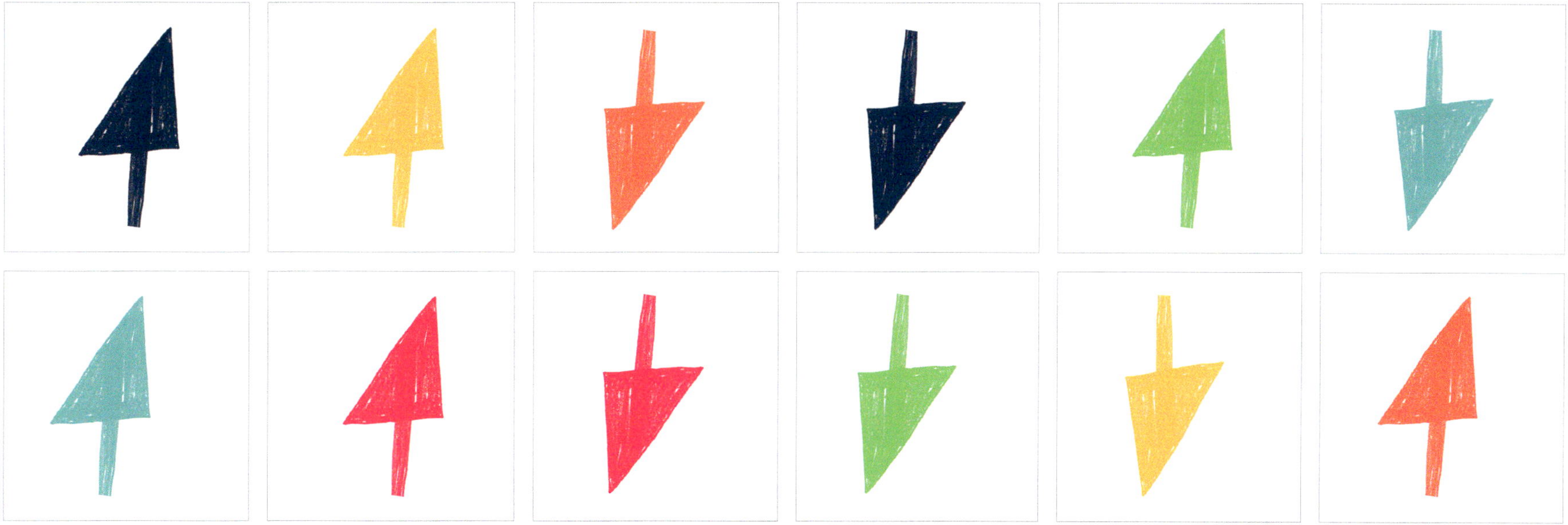

**Finde die Lösung!**

1. $3+1=$
2. $1+0=$
3. $3+2=$
4. $2+0=$
5. $5+1=$
6. $1+2=$
7. $2+1=$
8. $1+3=$
9. $1+5=$
10. $2+3=$
11. $0+1=$
12. $0+2=$

1+5=6
5+1=6
0+2=2
1+3=4
2+3=5
2+0=2
0+1=1
3+2=5
1+2=3
1+0=1
3+1=4
2+1=3

# Lauter Minusaufgaben

1 4 - 2 = ☐

2 5 - 0 = ☐

3 3 - 3 = ☐

4 4 - 1 = ☐

5 2 - 1 = ☐

6 6 - 2 = ☐

7 6 - 1 = ☐

8 5 - 2 = ☐

9 4 - 3 = ☐

10 6 - 0 = ☐

11 5 - 1 = ☐

12 5 - 3 = ☐

4 - 3 = 1

3 - 3 = 0

5 - 0 = 5

6 - 2 = 4

4 - 2 = 2

4 - 1 = 3

5 - 1 = 4

2 - 1 = 1

5 - 2 = 3

5 - 3 = 2

6 - 0 = 6

6 - 1 = 5

Finde die richtige Lösung!

1 $1+2=$

2 $4+2=$

3 $1+5=$

4 $3+3=$

5 $2+3=$

6 $1+1=$

7 $1+3=$

8 $3+2=$

9 $4+1=$

10 $2+1=$

11 $3+1=$

12 $2+2=$

4
3
5
6
2
5
6
3
4
5
4
6

Welche Aufgabe hat das größere Ergebnis?

1
$1+2=$
$2+2=$

2
$4+2=$
$1+3=$

3
$1+4=$
$3+3=$

4
$0+4=$
$4+1=$

5
$6+0=$
$3+2=$

6
$2+1=$
$1+1=$

7
$3+1=$
$2+3=$

8
$4+1=$
$2+2=$

9
$1+3=$
$2+4=$

10
$0+0=$
$1+0=$

11
$2+1=$
$0+1=$

12
$3+2=$
$4+0=$

Wie lautet die richtige Lösung?

| | | | | | |
|---|---|---|---|---|---|
| 1<br>5 - 3 = | 2<br>4 - 1 = | 3<br>5 - 2 = | 4<br>6 - 3 = | 5<br>4 - 2 = | 6<br>6 - 4 = |
| 7<br>6 - 2 = | 8<br>5 - 4 = | 9<br>6 - 5 = | 10<br>4 - 3 = | 11<br>4 - 0 = | 12<br>5 - 1 = |

3
2
3
2
1
3
1
4
4
1
4
2

Finde die Lösung!

| 1 | 2 | 3 | 4 | 5 | 6 |
|---|---|---|---|---|---|
| 2+3= | 1+3= | 5+1= | 1+4= | 4+2= | 2+3= |
| 4 5 6 | 4 5 6 | 4 5 6 | 4 5 6 | 4 5 6 | 4 5 6 |

| 7 | 8 | 9 | 10 | 11 | 12 |
|---|---|---|---|---|---|
| 4+0= | 3+3= | 3+1= | 2+4= | 3+2= | 2+2= |
| 4 5 6 | 4 5 6 | 4 5 6 | 4 5 6 | 4 5 6 | 4 5 6 |

| | | | | | |
|---|---|---|---|---|---|
| 6 | 5 | 4 | 5 | 4 | 6 |
| 6 | 4 | 6 | 4 | 5 | 5 |

Welche Aufgabe hat das kleinere Ergebnis?

1
$3-2=$
$2-0=$

2
$4-1=$
$6-2=$

3
$3-1=$
$1-0=$

4
$6-2=$
$5-0=$

5
$4-2=$
$4-3=$

6
$5-1=$
$6-1=$

7
$4-0=$
$5-2=$

8
$5-1=$
$3-0=$

9
$6-3=$
$6-0=$

10
$4-2=$
$5-4=$

11
$3-1=$
$5-2=$

12
$5-1=$
$4-2=$

## Plus und Minus im Wechsel

| | | | | | |
|---|---|---|---|---|---|
| 1 $2+1=$ | 2 $1-1=$ | 3 $1+1=$ | 4 $4-2=$ | 5 $2+2=$ | 6 $6-1=$ |
| 7 $4-1=$ | 8 $3+2=$ | 9 $6-2=$ | 10 $1+0=$ | 11 $2-1=$ | 12 $3+3=$ |